AF236644

TIERLIEBE MEINES HERZENS

Wundertütenpoet

VON

TINA HÜSCH

DIE MÖGLICHKEITEN
VON ZUNEIGUNG UND POESIE

Bibliografische Information der Deutschen Nationalbibliothek: Die
Deutsche Nationalbibliothek verzeichnet diese Publikation in der
Deutschen Nationalbibliografie; detaillierte bibliografische Daten
sind im Internet über dnb.dnb.de abrufbar.

ISBN: 9783755731139

Herstellung und Verlag: BoD – Books on Demand, Norderstedt

ABOUT ME

Ich bin die mit den Hundehaaren am Pulli und der 60-Watt-Hundewärmeleistung im Bett, die Käfer vor dem Ertrinken rettet und Hummeln mit Zuckerwasser aufpäppelt.

Die, die kein Fleisch isst und im Winter ständig Vogelfutter kauft.

Die mit der Eichhörnchenphantasie von einem durchschlafenen Winter und einer Traumfigur im Frühling.

Die, die daran glaubt, dass die Welt ein ganzes Stück besser wäre, wenn wir alle mehr lachen und aufeinander achten.

So glaube ich an das Gute im Menschen und träume davon, es in einem jeden zu finden.

Halte zusammen mit mir Ausschau und lass uns eine bessere Welt erblicken.

Komm und hör meinen Gedichten zu, so fängt mein schönstes Märchen an, und irgendwann heißt's: Es war einmal ... und dann ist eine viel bessere Welt da, in der auch Tiere ihr Recht bekommen, so habe ich's mir grad ausgesonnen.

TINA

FÜR

MEINES HERZENS

TIERLIEBE ...

Für alle,

die wissen,

wie wichtig Tiere in unserem Leben sind.

Für Dich,

weil Du weißt,

welche Zaubermagie von wahrer Tierliebe ausgeht.

INHALT

Vielen lieben Dank,

dass Du dieses Büchlein gekauft hast

und die Welt der Tiere dadurch

ein kleines bisschen besser machst ...

EINBLICK, EINSICHT, ERKENNTNIS ...

In des Lebens Mitte braucht unser Dasein immer Verbundenheit, Treue und Liebe. Wir sehnen uns nach einem Zustand der Gemeinsamkeit, nach einem Lebewesen, das bedingungslos und mit Freude für uns da ist.

Denn leider sind wir Menschen oft nicht in der Lage, uns diesen Wunsch gegenseitig zu erfüllen, so wie das ein treuer Tierfreund tun würde.

Aus diesem Grunde lasst uns die Liebe unserer Tiere anerkennen und lernen, genauso für sie da zu sein, wie sie es für uns sind.

Lasst uns ein Herz für Tiere haben und erkennen, wenn sie in Not geraten und unsere Hilfe brauchen, lasst uns anfangen, nicht mehr wegzusehen, wenn ein Tier in Schwierigkeiten steckt, und lasst uns ein Mitgefühl für alle Lebewesen dieser Erde entwickeln.

Denn ein jedes Lebewesen hat Empfindungen und das Recht auf ein artgerechtes Leben auf Erden.

Lasst uns wieder lernen, miteinander in Einklang zu leben und nicht mehr die Natur und die Tierwelt auszubeuten. Wir haben nur diesen einen Planeten und sind für ihn verantwortlich, nicht nur für unser Leben, sondern auch für das Leben unserer Kinder, und es ist unser aller Wunsch, ihnen eine Erde zu hinterlassen, auf der sie ohne Sorge leben können.

Es wäre so schön, wenn in unseren Köpfen ein Umdenken stattfinden könnte und ein „Sichbesinnen" auf die Werte von Frieden und Harmonie.

Darauf, keinen Raubbau zu betreiben und nicht aus Gier zu handeln.

Lasst uns von den Tieren lernen.

Wie schön wäre es, wenn ein jeder von uns anfangen würde, bewusster zu leben und weniger Fleisch zu essen, was nicht nur den Tieren und unserem Planeten zum Wohle wäre, sondern auch dem eigenen Körper, so dass die Seele besser darin wohnen und ihre Lebensaufgaben erfüllen kann.

Die Gesundheit eines jeden Einzelnen wäre für eine auf mehr pflanzliche Anteile fundierte Ernährung dankbar und wir alle hätten etwas davon.

LASST UNS BEGINNEN, IN DIE AUGEN DER TIERE ZU SCHAUEN UND ZU SEHEN, WIE VIEL LIEBE DARIN WOHNT.

Jeder, der einen Hund hat, weiß, er freut sich immer ... ihm ist es egal, zu welcher Uhrzeit man nach Hause kommt und in welchem Aufzug, das Freudenfest des Hundes ist einem gewiss.

Ich bin mir sicher, wenn wir alle im Kleinen beginnen, unsere Herzen mit der Liebe zum Tier aufzufüllen, wird die Welt ein viel besserer, harmonievollerer Ort und so viele Plagen unserer heutigen Zeit werden immer kleiner und so manche werden ganz verschwinden.

Die Verbindung zwischen Tieren und Menschen hat einen positiven Einfluss auf den Menschen, sie vermindert Angstzustände und Depressionen, lässt ein besseres Lebensgefühl entstehen und stärkt den Einzelnen mit mehr Selbstvertrauen. Somit ist das Tier unser geheimer Helfer, Freund und Therapeut.

Wenn wir dies erkannt haben, wird unser Leben bunter und fröhlicher werden und alle Liebe, die wir den Tieren schenken, wird in vielfacher Weise zu uns zurückkehren.

Ein jeder von uns kann durch ein bewusstes Leben seinen Anteil an einer friedvollen Welt leisten.

Es gibt Studien, die vermuten lassen, dass der Umgang des Menschen mit den Tieren sich auch im Umgang mit den Menschen widerspiegelt und dass ein Mensch, der ein wahrer Tierfreund und mit Tieren empathisch ist, auch ein großer Menschenfreund ist. Denn in unseren Gedanken über die Tiere spiegelt sich auch unser Menschenbild wider.

Die Bindung zu einem Tier lässt in uns Verantwortung entstehen, diese Verantwortung sorgt für mehr Voraussicht im Leben und im Umgang mit der Natur.

Jeder Mensch, der eine Fürsorgepflicht für ein Tier in sich entwickelt, verliert automatisch ein Stück Egoismus und wird empathiefähiger.

Durch Tiere lernen und erleben wir auch wieder mehr, was es bedeutet, sich selbst zu lieben, denn sie geben uns die Sicherheit und Zuversicht, die in unserem Leben so oft fehlt.

Wenn wir so mehr Selbstsicherheit der Seele erfahren, kommen wir unserem eignen Lebenssinn ein Stück näher und erreichen unsere selbst gesteckten Ziele besser.

Somit bringen uns Empathie und Mitgefühl für Tiere weiter und unser Sein erfüllt sich mit mehr Glück, was uns strahlender und fröhlicher sein lässt.

Doch leider stehen wir uns viel zu oft selbst im Weg durch unser Streben nach Besitz, Erfolg und Macht, ohne zu erkennen, dass wir uns damit nur selbst blockieren und krank werden.

Das eigene Ego will immer mehr in den Vordergrund gerückt werden, doch leider fühlt der Mensch sich paradoxerweise trotz steigendem Wohlstand immer weniger glücklich.

Die gefühlte Lebensqualität beginnt zu sinken und die Erkrankungen unserer westlichen Industriegesellschaft nehmen zu, man redet von Depressionen und Burn-out.

Der Mensch befindet sich auf einer rastlosen Suche nach dem Glück, ohne es in den kleinen Dingen des Alltags erkennen zu können.

LASST UNS TIEF IN DIE AUGEN EINES TIERES SEHEN,
SO KANN EINE NEUE VERBÜNDENHEIT ENTSTEHEN, EIN NEUES
LEBENSGLÜCK ERWACHT UND IN DER TIERFREUNDSCHAFT DER
FROHSINN LACHT.

Lasst uns Verantwortung übernehmen für die Schicksale der Tiere. Lasst uns Hilfe schenken und ein neues Bündnis schließen.
Unsere Erde braucht nicht nur den Menschen, sie braucht die Tiere und eine intakte Natur, um ihren Fortbestand auch für alle uns nachfolgenden Generationen gewährleisten zu können.
Lasst uns alle zusammen unseren Beitrag dazu leisten und erkennen, dass jedes Geschöpf seine Daseinsberechtigung auf Erden hat und Tiere genauso wie wir Menschen, Schmerz, Angst und Liebe fühlen.

SO WÜNSCHE ICH MIR EIN HERZ FÜRS TIER, DENN AUCH IM
KLEINSTEN TIER SCHLÄGT EIN HERZ, GENAUSO WIE IN DIR!

Ein jedes Lebewesen hat das Recht auf ein Leben, das seiner Art entspricht und es glücklich sein lässt.

Lasst uns die **Verbundenheit** zum Tier entdecken, dann verliert die Welt den Schrecken.

V – ertrauen
E – hrlichkeit
R – etter
B – elebt
U – neigennützig
N – ähe
D – ankbarkeit
E – infühlend
N – iedlichkeit
H – erzenswärme
E – rfüllt
I – ntuitiv
T – reue

Wenn ein Tier Dir sein **Vertrauen** schenkt, begegnet Dir die größte **Ehrlichkeit** der Welt.

Du hast einen **Retter** Deiner Seele gefunden, der Dich **belebt** und **uneigennützig** Deine **Nähe** sucht.

Dankbarkeit wird in Dein Leben einziehen und **einfühlend** Dein Herz erwärmen.

So geht von der tierischen **Niedlichkeit** eine wundervolle **Herzenswärme** aus, die Dein ganzes Sein **erfüllt**. **Intuitiv** wirst Du spüren, dass die **Treue** eines Tieres Dich niemals verlassen wird.

Mach Dir diese Erkenntnis der Verbundenheit und Herzenswärme zu eigen und übernimm Deinen Teil Verantwortung dafür, dass kein Tier mehr leiden muss, und Du wirst sehen, wie unsere Erde zu einem immer glücklicheren Ort wird, wenn jeder seinen ANTEIL daran trägt.

TIERLIEBE IN MIR

Lasst uns unsre Tiere schützen,
so können wir der Erde nützen,
indem wir die Natur unterstützen.
Lasst uns in der Tiere Augen sehen,
ihre Freude und Angst verstehen,
so können wir in Verbundenheit aufgehen.
Lasst uns für die Tiere da sein,
so kommt viel Freude in das Leben rein
und keiner ist mehr allein.
Lasst uns einander Zeichen geben
für die Verbundenheit im Leben,
so können wir über allem schweben.
Lasst uns für die Tiere da sein,
lasst unsere Worte wahr sein,
dann werden wir uns alle nah sein.

Die Tierliebe in unserem Herzen ist ein wundervolles Geschenk, das unser Leben als Gefühl unendlich bereichert und uns empathiefähig macht.

SO LEBT DAS MITGEFÜHL FÜR DIE TIERE IN UNS AUF UND ZIEHT IN DIESE WELT HINAUS.

LASST UNS ... DURCH DIESES GEFÜHL MITEINANDER VERBUNDEN SEIN, DANN IST BALD KEIN TIER MEHR IN SEINEM SCHMERZ ALLEIN UND WIR ALLE KÖNNEN GLÜCKLICH SEIN.

ERSTER STREICH ...

Eine **Tierfreundschaft An der Seite** zu haben, ist ein großer **Herzgewinn** für die Seele.

Ein **Tierischer Freund** macht das **Pfotenglück** erst perfekt.

So wird es werden, dass das **Tierglück** aus jedem **Fell-Pfoten-Gedicht** direkt in dein Herz fällt und dort **Wellen machen** wird.

Lasst uns allen **Fellnasen Das Glück** auf ein schönes Leben schenken.

TIERFREUNDSCHAFT

Des Menschen Freund ist das Tier,
dafür sind die Fellpfoten hier,
teilen Lachen,
vertreiben alle dunklen Drachen.
Stehen uns bei und holen uns raus,
so sitzen wir nicht allein im Haus.
Da ist jemand, der uns zuhört,
doch niemals unsere Seele stört.

AN DER SEITE

Einer, der dich immer versteht,
dessen Liebe nie vergeht.
Einer, der alles für dich tut,
mit 'ner großen Menge Mut,
die nie ruht.
So jemanden wünscht sich jeder an der Seite,
auf dass er ihn ewiglich begleite.

HERZGEWINN

Alle Tierstimmen mir viel Freude bringen,
freu mich über jeden tierischen Laut,
da er die Freude in meiner Seele aufbaut
und mein Sein sich zu lachen traut.
So mag ich dieses federfellige Geräusch,
denn es hat mich noch nie getäuscht.
Es steckt so viel Liebe in den Tieren drin,
sie ist mein riesengroßer Herzgewinn.

TIERISCHER FREUND

Einem jeden wünsche ich ein Fellknäuel
oder einen kleinen Piep
für einen großen gemeinsamen Sieg
über alles, was sich Sorgen nennt
und einem mit Unmut entgegenrennt.
Denn so ein flauschig-weiches Sein
hilft einem unendlich beim Glücklichsein.
Die Welt wird mehr rosa,
die Welt wird mehr bunt
und dann ist sie erst richtig rund.
Ein kleiner Tierfreund ist so gesund.

PFOTENGLÜCK

Wenn´s schnurrt und bellt,
sich Freude einstellt.
Ein Miau in den Tag fällt
und ihn dir erhellt,
das Lachen deine Seele grüßt
und dir so das Sein versüßt.
Dann ist das Pfotenglück komplett
und hat Freude im Duett.

SO WIRD ES WERDEN

Lasst uns allen Tieren helfen,
so werden wir alle zu kleinen Elfen
mit viel Liebe im Gemüt,
die viele warme Funken sprüht.
Lasst uns alle Tiere schützen
und uns gegenseitig unterstützen,
so wird´s der ganzen Erde nützen.
Denn alles wird viel besser werden,
wenn wir kein Tier mehr gefährden.
Die Liebe wird einziehen in die Welt,
und die wird endlich so, wie sie uns gefällt.

TIERGLÜCK

Uns allen gehört diese Welt,
drum lasst uns achtsam mit ihr sein,
lasst nicht so viele Sorgen rein,
dann fühlt sich jede Seele mehr daheim
und auch die Tiere werden glücklich sein.

FELL-PFOTEN-GEDICHT

Das hier ist ein Fell-Pfoten-Gedicht,
das ganz leise mit dir spricht,
damit du den tierischen Sanftmut nicht vergisst.
Nichts ist treuer als ein Hund,
mit ihm an der Seite bleibt die Seele gesund
und deine Welt wird richtig rund.
Sei dankbar für dieses Fellnasenglück,
denn es bringt dir die Freude am Stück.

WELLEN MACHEN

Mit meinem Hund unterwegs,
bin ich im Herzen immer daheim und nie allein.
Hab Haare an den Klamotten und ´ne feuchte Nase im Gesicht,
bekomm vom Schwanz eine gezischt …
So stehen wir mitten in der Gischt
mit Sand zwischen unseren Pfoten/Zehen
und wollen dem Meer beim Wellenmachen zusehen.

FELLNASEN

Wessen Freude ist immer da?
Wessen Treue ist immer wahr?
Wessen Liebe ist immer gewiss?
Es sind unsere Fellnasen!
Es sind ihre Blicke aus den treuen Augen,
die uns alle Sorgen rauben.

DAS GLÜCK

Das Glück kommt auf vier Pfoten
und hat ganz leise Sohlen.
Stupst dich mit seiner Nase an
und kuschelt sich schnell an dich ran.
So einfach kann das Glück nur sein,
fellig und klein,
nasennasskalt und haarend auch,
gerade so, wie ich es brauch!

ERKENNTNISSE DES ERSTEN STREICHS ...

IST es nicht wundervoll, im Leben eine Tierfreundschaft genießen zu dürfen?

Wo haben Dir Tiere bisher überall schon Glück geschenkt und Dein Leben in die richtige Richtung gelenkt?

Schreib es hier nieder, dann kommen die Tierglücke immer wieder!

. . . .
. . . .
. . . .
. . . .
. . . .
. . . .
. . . .
. . . .
. . . .
. . . .
. . . .
. . . .
. . . .
. . . .
. . . .
. . . .
. . . .
. . . .
. . . .
. . . .
. . . .
. . . .
. . . .
. . . .
. . . .

ZWEITER STREICH ...

Hast Du erst die Liebe und Treue einer Tierfreundschaft erkannt, hast Du ganz viel Böses aus Deinem Leben verbannt.

SO LASS MEINE GEDICHTE ZU DIR SPRECHEN, UM INS LAND DER TIERLIEBE AUFZUBRECHEN.

Lasst uns das **Affentheater** der Welt mit **Gebell und Fell** vertreiben, so kommt das **Kunterbunt der Natur** zurück und alles wird **Tierisch** gut.

Mein Piep wird im **Möwenflug** den **Novemberblues** vertreiben, so dass mein **Kleines Schwein** mit **60 Watt** im Bett sich als **Tiger der Welt** fühlt!

Irgendwas ist verkehrt, wenn nach diesem **Wilden Ritt** noch irgendwelche **Fragen** offenbleiben.

AFFENTHEATER

Ein bisschen Affentheater für die Welt,
dann kommt´s, wie bei Amazon bestellt:
In einer großen leeren Box
ein Nichts in einer Ecke hockt.
Lasst uns endlich wieder aufwachen
und das wahre Sein betrachten.
In Wirklichkeit haben wir von allem genug,
es ist nur ungerecht verteilt, das ist der Fluch.
So lasst uns miteinander teilen
und das Affentheater vertreiben,
dann wird am Ende die Freude bleiben,
schau hin und lass es dir zeigen.

GEBELL UND FELL

Ein Freund ist fürs Herz,
damit es nicht schmerzt,
sich mit Fröhlichkeit betankt
und keinen Schlag mehr wankt.
Der Freund hat tiefe, warme Augen,
die mit Gewissheit an dich glauben
und nicht mit Neid Erfolge rauben.
Dieser Freund hat ganz viel Fell
und begrüßt dich mit Gebell!

KUNTERBUNT DER NATUR

Weite grüne Wiesen, Wälder,
herrlich leuchtend bunte Felder.
Welch herrliches Kunterbunt der Natur,
es ist meine Freude pur!

TIERISCH

Jeder ist ein bisschen Affe
und mal neugierige Giraffe,
ein kleines Schwein
beim Reinlichsein,
´ne blöde Kuh,
´ne doofe Ziege,
´n sturer Esel in seinem Sein,
nur so kommt kein Ungeheuer rein.
Denn der Angsthase in uns hörte
den Rohrspatz vom Mondkalb singen,
er wollte der Schnapsdrossel ein Ständchen bringen
für alle Zimtziegen dieser Welt
war es extra beim Faultier bestellt.
So haben alle Rabeneltern die Hamsterbacken voll
und hören die Himmelhunde heulen mit Groll.
Da ist die Kuhhaut ganz dünn geworden
und hundemüde hört man Katzenmusik,
bevor man noch ´nen Frechdachs kriegt.

Doch dann schläft man wie ein Murmeltier
als graue Maus ohne Visier.
So zieht sich des Lebens Rattenschwanz,
mit dem ich durch den Taubenschlag tanz,
denn ich bin kein stummer Fisch
im Schneckentempo,
will den Löwenanteil von meinem Leben haben
und mich hinter nichts vergraben,
so kriegt mein Leben keinen Schaden
und ich hab Antworten auf alle Fragen,
so haben die Tiere das heimliche Sagen …

MEIN PIEP

Der kleine Piep unter meinem Pony
ist meines Herzens Johnny.
Meine Meise,
mit der ich mir alles leiste.
Der Spatz,
der mir beim Schimpfen hilft,
wenn meinem Sein die Unvernunft aushilft.
Mein Vogel,
bei dem ständig die Kreativität piept,
auf das mein Sein die Freude kriegt.

MÖWENFLUG

Wenn am Himmel Möwen fliegen,
in mir meine Träume siegen,
dann muss ich mich nicht mehr verbiegen
und kann mit Kreativität und Freude alles hinkriegen.
Ich fühl mich nicht mehr getrieben,
bin endlich in mir angekommen,
meine Seele lacht besonnen,
hat sie doch den hohen Berg erklommen.

NOVEMBERBLUES

Das Eichhörnchen in mir will Nüsse haben,
sie nicht irgendwo vergraben.
Würde gern ´nen Winterschlaf machen,
die ganze kalte Zeit nicht aufwachen.
Sich kuschlig, wohlig, warm einrollen,
erst im Frühling wieder rumtollen,
mit keinem Novemberblues schmollen,
sondern einfach nur träumen wollen.
So hätte die Seele nichts zu verzollen
und die Pfunde würden wieder von oben nach unten rollen.

KLEINES SCHWEIN

Manchmal kann ich ein kleines Ferkel sein,
dann darf keiner in mein Ställchen rein,
denn da drinnen sieht es aus
wie in einem Flodderhaus.
Doch nur so können die buntesten Ideen entstehen
und meine Phantasie spazieren gehen.
So bin ich manchmal ein kleines Schwein,
doch tief in meinem Herzen rein.

60 WATT

Ein Hund im Bett hat 60 Watt,
so hat man sich die Heizung gespart.
Muss nie mehr über kalte Füße jammern
oder sich alleine an der Wolldecke festklammern.
So kann man mitten in der Nacht noch über alles reden,
ohne Widerworte oder sonstige Fehden.
So was nenn ich Kuschelleben,
träumend durch Lummerland zu schweben
und sich ein schönes Leben weben.

TIGER DER WELT

Das Schnurren einer Katze,
ihre samtig weiche Tatze.
Ein herrlich schönes Glücksgefühl,
davon krieg ich nie zu viel.
So viel Frohsinn für die Seele,
auf dass er nie wieder vergehe.
Ein kleiner Tiger in der Welt,
dem es bei den Menschen gut gefällt.

IRGENDWAS IST VERKEHRT

Auch Fliegen haben kleine Herzen,
auch Fliegen spüren große Schmerzen,
auch Fliegen sind ein Teil des Ganzen,
haben ihren Platz und Wert,
über den sich doch leider jeder nur beschwert.
Irgendwas ist hier verkehrt,
da keiner die kleine Fliege ehrt.

WILDEN RITT

Alle Freude dieser Erde
bringen mir die Pferde,
auf ihrem Rücken finde ich mein Glück
und bin von der Natur verzückt.
Brauch weder Markenklamotten noch Make-up
beim wilden Ritt den Berg hinab.
Hab mein Lachen breit im Gesicht
und weiß,
euer Modewahn kriegt mich nicht.

FRAGEN

Ich mag Mäuse,
liebe Ratten,
ihre Händchen, Schwänzchen, Nasen,
wenn sie durch die Gegend jagen.
Freu mich, wenn sie an dem Brötchen nagen
und mich nach ´nem Nagermilchdrop fragen,
denn sie haben das heimliche Sagen.

ERKENNTNISSE DES ZWEITEN STREICHS ...

WENN man sich anschaut, wie viel Leichtigkeit und Sanftmut Tiere besitzen, wird auch das eigene Herz leicht und die Angst weicht!

Bringe hier zu Papier, wo ein Tier Dir die Angst genommen hat, und setze so alle Sorgen schachmatt!

. . . .

. . . .

. . . .

. . . .

. . . .

. . . .

. . . .

. . . .

. . . .

. . . .

. . . .

. . . .

. . . .

. . . .

. . . .

. . . .

. . . .

. . . .

· ·
· ·
· ·
· ·
· ·
· ·
· ·
· ·
· ·
· ·
· ·
· ·
· ·
· ·
· ·
· ·
· ·
· ·
· ·
· ·
· ·

DRITTER STREICH ...

Wenn Du merkst, dass der Zirkus der Tierwelt Dir wohlgefällt, ist Dein Herz auf Liebe eingestellt. Lass nun auch das Mitgefühl rein, dann wird kein Wesen mehr einsam sein.

LIES WEITER, WENN DIE EINFÜHLUNGSKRAFT MEINER GEDICHTE DEINE EMPATHIE FÜR TIERE ENTFACHT.

Wenn der Hass aus der Welt flieht und **Wenn das Glück erwacht,** werden mit **Sanftmut und Ruh Lebenswunder** durch **Lächeln** geboren.

Nur ein Blick und **Geteilte Freude** lässt **Hundehaare Lebensträume** werden.

Mein Schatzspatz ist mein Begleiter für eine **Gute Reise** des Lebens.

WENN DER HASS AUS DER WELT FLIEHT

Wenn jeder die Liebe in allen Wesen sieht,
der Hass ganz aus der Welt flieht.
Denn Liebe braucht keinen Zorn,
sie ist zum einander Glücklichmachen geborn.
Also öffnet eure Ohrn:
Stellt eure Sensoren auf einander lieben ein,
dann wird keiner von uns verloren sein.

WENN DAS GLÜCK ERWACHT

Mein Herz gehört den Tieren,
allem was lebt auf allen vieren,
meiner Seele Freude macht
und tief drinnen in mir lacht,
so dass das Glück in mir erwacht.

SANFTMUT UND RUH

Kühe haben Sanftmut und Ruh,
schau ihnen doch nur mal beim Weiden zu.
Genieße ihre Ausgeglichenheit,
sie sind nur selten zu einem Bocksprung bereit.
Schau in ihre großen Augen,
die an alles Gute glauben,
an ihre einfache Zufriedenheit,
die sie langsam über die Weide treibt.
Schau, dieses große schöne Tier
ist mit so viel Liebe hier!

LEBENSWUNDER

Eine Raupe wird zum Schmetterling,
so positiv ist der Lebenssinn.
Musst dich nur kurz selbst verpuppen,
in dir die schönsten Ideen anstupsen
und den Gram nach draußen schupsen.
So wirst auch du bald schon fliegen können
und deine Wunder neu benennen,
denn der schönste Lebenssinn
ist ganz mitten in dir drin.
Lass uns jetzt mal Raupe sein,
dann fliegen wir bald von ganz allein.

LÄCHELN

Wenn wir alle gütig wären
und vor unser eignen Türe kehren,
käme ´ne Menge Dreck zusammen
und der Zorn wär ausgegangen,
keiner müsste dann mehr bangen,
der Himmel wär nicht mehr verhangen.
Wie können wir nur dieses Sein erlangen?
Indem wir einfach anfangen
einander anzulächeln,
denn dann werden alle Sorgen schwächeln.

NUR EIN BLICK

Schau in die Augen eines Tiers
und dann spür´s:
Was sich die große Freude nennt
und in deinem Herzen brennt.
Es ist ein tiefer, treuer Blick,
er gibt dir alle Liebe zurück.

GETEILTE FREUDE

Ob Federn oder Fell,

ob Miau oder Gebell,

ob ein Piepen, Zwitschern, Grunzen,

es wird mit Freude in meine Seele plumpsen.

So ein kleiner Tierfreund bringt meiner Seele Heil,

weil er seine Freude mit mir teilt.

So ist meine Seele immer für ein Lachen bereit,

jetzt und zu jeder Zeit.

HUNDEHAARE

Nur mit ein paar Hundehaaren
ist man erst fertig angezogen,
alles andre wär gelogen,
man hätte sich nur selbst verbogen.
So ein paar Haare am Revers
machen ´ne ganze Menge her.
Erkennt man doch die Tierliebe darin
und weiß,
es ist ein auf Tierliebe Gesinnter dahinter.

LEBENSTRÄUME

Raben sind meine Freunde,
in ihren Herzen gibt es keine Zäune.
Sie sind Herrscher über die Lebensbäume
und schenken uns immer wieder neue Träume.
Also nutze diese Räume
für immer wieder neue Träume.

MEIN SCHATZSPATZ

Mein Vogel ist ein kleiner Spatz,
jedoch ein riesengroßer Schatz.
Für meiner Seele Hauptgewinn
ist er stets dabei und mittendrin,
damit ich nur ein bisschen spinn,
lebt er unter meinem Pony
und spricht durch den Schlitz überm Kinn.
So gibt er mir den schönsten Sinn,
so tief in meinem Wesen drin.

GUTE REISE

Der Hase hoppelt,
der Frosch, der hüpft
und das Küken kommt aus dem Ei geschlüpft.
So hat alles seinen Ursprung, seinen Sinn
und du bist mittendrin.
Auf deiner langen Lebensreise
siehst du die Weltenwunder erwachen leise,
sie wünschen dir eine gute Reise!

ERKENNTNISSE DES DRITTEN STREICHS ...

WENN aus Tierhaaren Lebensträume werden, geschehen Wunder auf Erden.
Notiere hier einen Tiertraum von Dir.

. . . .
. . . .
. . . .
. . . .
. . . .
. . . .
. . . .
. . . .
. . . .
. . . .
. . . .
. . . .
. . . .
. . . .
. . . .
. . . .
. . . .
. . . .
. . . .

. . . .
. . . .
. . . .
. . . .
. . . .
. . . .
. . . .
. . . .
. . . .
. . . .
. . . .
. . . .
. . . .
. . . .
. . . .
. . . .
. . . .
. . . .
. . . .
. . . .
. . . .
. . . .
. . . .
. . . .

73

74

VIERTER STREICH ...

Jetzt, wo du verstehst, dass ein treuer Blick aus Tieraugen Wunder vollbringen kann, fangen für Dich ganz viele kunterbunthaarige Träume an.

KOMM UND LIES NOCH EIN PAAR TIERGEDICHTE VON MIR, DANN KOMMT DIE FRÖHLICHKEIT ZU DIR!

Mit **Verbundenheit** und **Tierliebe** wird unsere **Herzstimme** ein **Freudenfest** im **Weltenzoo** feiern.

Der **Seelenvogel** weiß, dass **Füreinander da sein** die **Ströme der Liebe** zur größten **Gemeinsamkeit** heranwachsen lässt.

Mit Freude scheinen Kleine Jecken uns unendlich glücklich zu machen, so dass keiner mehr ein **Denkmal** braucht!

75

VERBUNDENHEIT

Jedes Lebewesen hat Gefühle,
eine Seele und ein Herz
und es spürt genau wie du den Schmerz,
deshalb quäle nie ein Tier zum Scherz.
Sieh in seine tiefen Augen,
die einfach nur viel Liebe brauchen.
Fühle die Verbundenheit,
denn sie ist es,
die für immer bleibt!

TIERLIEBE

Nur das wir uns klar verstehen,
wahre Tierliebe wird nie vergehen.
Wird immer in deinem Herzen verweilen
und ganz viel Freude mit der Seele teilen.

HERZSTIMME

Wenn ich auf mein Herz hör,
ich ganz und gar der Natur gehör.
Dann fühl ich mein Verbundensein
und die Freude kommt ins Herz hinein.
So schön kann nur das Leben sein,
wenn man jedes Wesen schätzt
und sich in den anderen reinversetzt,
so wird keiner mehr verletzt
und die Welt ist nicht gehetzt.

FREUDENFEST

Einfach einen Regenwurm retten
und ´nem Käfer die Flügel glätten,
einen kleinen Vogel füttern
und die Egoisten der Welt erschüttern.
In den kleinen Dingen liegt die Kraft,
mit der man so viel Großes schafft.
Drum lasst uns anfangen füreinander da zu sein,
dann ist hier auf Erden kein Geschöpf mehr allein
und wir können füreinander ein Freudenfest sein.

WELTENZOO

Mit Freude im Herzen
und Unsinn im Blut
tut mir der Weltenzoo unendlich gut.
Alles, was Fell hat und auch Krallen,
findet in meiner Seele gefallen.
Ich mag die Weite,
ich mag das Land,
ich mag das Lachen,
Meer, Sand und Strand.
So sind mein Sein und ich bereit
für eine wunderherrliche Zeit!

SEELENVOGEL

Wie herrlich doch die Vögel fliegen
und über der Welten Schwerkraft siegen,
sich sanft in den Winden wiegen
und ein fröhliches Gezwitscher hinkriegen.
So möchte auch meine Seele fliegen,
sich zu neuen Wundern aufschwingen
und neue Ideen ins Leben bringen,
dann wird das Lebensglück gelingen.

FÜREINANDER DA SEIN

Jedes Tier hat Gefühl,
jedes Tier hat Angst genau wie du,
schau ihm in die Augen und höre zu:
Kein Lebewesen soll nur zum Auffressen da sein,
jedes Leben möge glücklich sein.
So wünsche ich jedem Tier
einen Menschen, der es mag
und der alles für es wagt.

STRÖME DER LIEBE

Tierische Verbundenheit
die die Traurigkeit vertreibt
in einer schweren, kalten Zeit.
Diese Verbundenheit lässt uns feiern
und das Leben pur genießen,
damit die Ströme der Liebe überfließen.

GEMEINSAMKEIT

Wenn die bunten Blätter tanzen,
die Natur glückselig alles schmückt
und der Sommer ins nächste Jahr ausrückt.
Dann ist der Winter ganz verzückt
und macht sich bereit
für eine kalte, klare Zeit,
so ist es endlich nicht mehr weit,
für wieder mehr Gemeinsamkeit.

MIT FREUDE SCHEINEN

Heute bin ich Watschelente,
Glücksflamingo und Glitzereinhorn.
So bin ich mein ganz eigner Ansporn,
werd nur noch lachen, nicht mehr weinen,
in mir meine Welt vereinen
und mit Freude im Herzen
mit der Sonne um die Wette scheinen.

KLEINE JECKEN

Kennst du Schnecken?
Diese kleinen Jecken
mit dem Häuschen obendrauf
ziehen sie überallhin aus
und kommen pro Meter mit nur einem Salatblatt aus.

DENKMAL

Auf der Welt, da lebt ein großer Zoo
wie sonst nirgendwo.
Alles ist vertreten irgendwo,
doch irgendwie verstehen sich alle nie.
So ist´s irgendwann zu spät,
wenn kein Hahn mehr danach kräht.
Drum lasst uns glücklich sein im Jetzt,
dann hat sich der Zoo ein Denkmal gesetzt
und jeder schätzt jedes Lebewesen,
als wär´s schon immer so gewesen.

ERKENNTNISSE DES VIERTEN STREICHS ...

JETZT, wo die Herzstimme Deiner Tierliebe erwacht ist, wird aus Dir ein tierschützender Optimist werden.

Schreibe hier Deine Pläne zum Schutz der Tiere nieder und lies sie bitte immer wieder, mach viel Gutes dann daraus, dann gehen die Wunder für Tiere nie aus!

. . . .

. . . .

. . . .

. . . .

. . . .

. . . .

. . . .

. . . .

. . . .

. . . .

. . . .

. . . .

. . . .

. . . .

. . . .

. . . .

. . . .

. . . .

. . . .

. . . .

. . . .

. . . .

. . . .

. . . .

. . . .

. . . .

. . . .

. . . .

. . . .

. . . .

. . . .

. . . .

. . . .

. . . .

. . . .

. . . .

. . . .

. . . .

SCHLUSSHOFFNUNG

Ich hoffe,
dass in Deinem Herzen
die Liebe zum Tier unendlich groß gewachsen ist,
und bedanke mich dafür,
dass Du mit dem Kauf dieses Buches
das Leben der Tiere,
die in Not sind, verbessert hast.
Hör auf das Mitgefühl Deines Herzens
und schau in Zukunft nicht weg,
wenn ein Tier Deine Hilfe braucht.
Bis bald,
dort, wo das Glück in Dir schläft ...

Wundertütenpoet